홍은숙 제4시집

강가에 앉아 · IV

순수

순수시선 684

강가에 앉아 · IV

홍은숙 지음

2024. 10. 25. 초판
2024. 11. 5. 발행

발행처 순수문학사
출판주간 朴永河
등록제2-1572호

서울 중구 퇴계로48길 11 협성BD 202호
TEL (02) 2277-6637~8
FAX (02) 2279-7995
E-mail ; seonsookr@hanmail.net

저자와의 합의하에 인지를 생략함
잘못된 책은 바꾸어 드립니다

※이 책은 (사)한국예총 여주지회의 지원을 일부 받아 제작하였습니다.

ISBN 979-11-91153-72-9

가격 15,000원

차례

시집후기 · 118
해설/정성수 · 121

1부 봄

목련 · 1	15
목련 · 2	16
벚꽃	17
개망초/fleabane	18
꽃비/flower rains	20
벚꽃 지다	22
벚꽃 아래서	23
산수유	24
진달래	25
이팝꽃	26
詩/poems	27
행복/happiness	28
코로나19	30
딴 세상/Variant World	32
2020년 대한민국	36
구피	39

2부 여름

공작선인장	45
문주란	46
수국	47
치자꽃	48
연꽃	49
도라지꽃	50
유월 장미	51
장미	52
아이러니	53
택배	54
독도	56
파도 · 1	58
파도 · 2	59
파도 · 3	60
파도 · 4	61
파도 · 5	62
폭우	63

3부 가을

국화꽃	67
달맞이 꽃	68
모과	69
감국	70
석류	71
호박	72
갈대	74
소망	75
별	76
차	78
분재	79
인연/ties	80
돌 틈	84
노송	86
조약돌	87
돌	88
을숙도	89
만추	90

4부 겨울

새 발자국	93
시계꽃	94
눈꽃	95
난	96
눈	97
변화	98
천국	101
남 몰래 흐르는 눈물	102
고백	103
우크라이나전을 보며	104
잡념	108
강에 뜬 달	109
사고/accident	110
바람의 마음	112
대설주의보	113
달팽이	114
등산	116

1부

봄

〈1999. 11. 16. 산시 동인 첫 시집 출판기념〉

〈2000. 7. 30. 뉴욕 해외 문인 부채 시화전 관람〉

목련 · 1

잊으려는
서러움이 이만할까

봄바람에
하얀 꽃이파리
툭 툭 무너져 내린다

연하디연한 새싹은
단비에 상처를 입고
한껏 화사한 꽃잎은
봄바람에 아름다움을 잃는다

바람이 불고 간 곳에
흔적처럼 남겨진 꽃잎
세월이 흘러간 뒤에
우리는 무엇으로 남겨 질까

봄바람에 꽃잎 지듯
나도 내 마음의 욕심
한잎 두잎 지우고 싶다

목련 · 2

꽃샘 칼바람에 고개 돌린
고요한 네 모습 단아하다

어두운 구름에도 미소 짓는
고운 네 얼굴 온화하다

화사한 봄날을 다소곳 즐기는
우아한 네 자태가 눈부시다

벚꽃

하늘하늘 눈이 내리고 있다
하염없이 내리는 꽃잎

피는 꽃보다
지는 꽃이 더 아름다운 꽃

아름다운 이별을 위해서
더 맑고 눈부시게 태어난 꽃

힘겨운 일상일랑 가볍게 비워 내고
무거운 마음들은 가볍게 털어 내고

나비보다 가볍게
눈보다 애틋하게

그대의 가슴에
내 마음에 속절없이 젖어 드는 꽃잎

개망초

내 님 오시는 길
어둠 가득할까
개망초 하얗게 뿌려놓았지

내 님 가시는 길
아쉬움 가득할까
개망초 향 풋풋하게 적셔 놓았지

하얀 꽃물결 따라
흘러가는 우리의 사랑
곱기도 해라 은하수 물결처럼

fleabane

white fleabane were spreaded
on the road my lover comes
fearing it might be full of darkness
the fresh scent of fleabane is filled

on the road my lover leaves
feeling there might be sorrowful loss
the wave of their white blossoms

our love is flowing allong with them
how lovely they are!
they might be the legend of the milky way.

꽃비

살랑살랑
마음을 흔들어 대며
참 눈부시게도 내린다

솜털 같은 햇살
너에게 겹쳐
더 고운 뺨
살래살래 흔들며
참 곱게도 내린다

짧기도 하다
눈 깜짝할 사이
사라진 기쁨
삶인가
바람 같다

flower rains

Whispering gently,
Touching my heart
So brightly it rains.

Fluffy sunbeams
Reflected on you
What a lovelier cheek.
Swing and swaying
So beautifully it rains.

Such a short time,
In less than a blink of an eye
Disappeared happiness.
It is a life itself
Just like a wind.

벚꽃 지다

빗속에 꽃잎 지고
꽃비로 바다로 가고 싶네

꽃길 따라 출렁대는 파도가
보고 싶은 봄날

마냥 걷고 싶다
그리운 벗님과

벚꽃 아래서

벚꽃이 핀다고
"톡"
"토톡"

벚꽃이 피었다고
"카톡"
"카톡"

산수유

산수유 노란 꽃가지 아래
직박구리가 뱉어 낸 하얀 씨앗
무심한 生과 死가 눈부시다

전생에도 아름다웠을
꽃이었던 씨앗의 윤회
지금은 꿈꾸는 중이다

쏟아지는 노란 햇살도
참 다정하다
전설보다 더 진지한 수채화 한폭

진달래

달큼한 속내 감추려 해도
봄바람은 나붓나붓 헤집어 대고

금빛 햇살도
이곳저곳 천방지축으로 달아오른다

어찌할까
몽실몽실 피어나는 저 수줍은 내숭

온 산을 불태울라
연분홍 순정

이팝꽃

지천으로 피어 나는 순백
오월이 눈부시다

가볍게
더 가볍게

깃털 같은 가벼운 사랑으로
온 세상 찬란하게 빛내리라

순수한 진실만으로
그대 가슴 소복소복 채우리라

향기로운 열정으로
그대 마음 곱게곱게 채우리라

봄날이 가기 전
오월이 가기 전

詩/poems

나는 반모음이다
I am a semivowel.

당신이 없으면 볼 수가 없다
I can see nothing without you.

당신이 없으면 들을 수가 없다
I can hear nothing without you.

나의 모자란 마음에
단단하게 못을 박아준 당신
You who drove a nail firmly
Into my insufficient mind.

하늘 아래
땅 위에
오직 나를 세워주신 당신
Only you that raised me up
To realize my aspiration for poems
Beneath the sky, above the earth.

행복

행복이란
잘나서 부담스러운 사람보다
사사건건 까칠스런 사람보다
내 하소연에 귀 기울여 주는
그대의 조용한 공감이
나를 행복하게 한다

추위에 달달 떨며
차를 기다리고 있는 나를
모른 척 포장마차로 끌고 가
뜨거운 어묵 국물을 건네주는 그대의
따뜻한 손이 나를 행복하게 한다

셈 없는 그대의 편안함이
나를 행복하게 한다

happiness

rather than smart and uncomfortable person
rather than fastidious person
listening carefully to my stories
your silent sympathy
makes me happy

shivering from the cold
I wait for tea
seemingly indifferent, but taking me to a cart bar,
giving me a warm soup
your warm hands make me happy

comfortableness with no hidden calculation
makes me happy

코로나19

빗물이 스며들지 못하는 아스팔트 길처럼
자연이 차단된 콘크리트 빌딩 숲처럼
사람들 마음에도 차가운 시멘트 벽이 세워졌다

쏟아지는 미디어의 홍수 속에서
어떤 의지와 이념에도 동감하지 못하는
어떤 감동에도 속하지 못하고 한계선을 긋는 벽

위정자들 입에서
종교인들 가슴에
지식인들 머리에서
거짓과 불신과 부패로 세상을 쓰레기로 만들더니
어느 날 〈코로나19〉라는 재앙이 지구를 덮었다
천형이다

입으로 지은 죄
마스크로 입을 막아버리고
불신한 죄
하루아침에 가장 가까운 이웃을
머나먼 이웃을 만들어 버렸다

사랑은 상처가 되고
삶은 고통이 되었다
인간의 모자란 인내성은 죽음으로 시험하는
혹독한 계기가 되었다

사람답게 산다는 것은
마음과 마음이 흘러 사랑이 되고
담장을 넘나들며 인정이 흘러가는 것인데
그저 오가는 관습에 물길 하나 내는 것
이성을 감싸안은 감성에 켜켜이 흐르는
물길을 하나 내는 것뿐인데

그 오랜 사실을 망각한 인간의 오만함에
AI 로봇 세계다
가상 세계다
자연의 섭리를 거스른 인간의 탐욕에
천형을 내린거다

딴 세상

TV만 켜면
세상은 딴 판이다

사람들은 힘들다고 아우성인데
저곳은 천국이다

앵무새 같은 저 입들
늑대 같은 저 속셈들

거짓에 길들여져
진실은 아예 잃어버렸나 보다
우리를 속이고 속이는
저 입과 마음이 박살이 나도록
에이~
핵폭탄은 저런 곳에 터져야 하는데

TV를 끄니
딴 세상이 보인다
강아지 하품도 너무 귀엽다
희안케도

Variant World

The moment TV was turned on
A quite different world comes up into the frame
It is an earthly paradise
The mass of people are clamorous of difficult living, though.

Those parrot-like mouths,
Those wolfish deep designs seem

To have lost the truth at all
Because they are completely tamed to lie.
Those mouths and designs deceiving us so often
Should be smashed to pieces.
Well, never happen!
Nuclear bombs must burst on them over there.

As soon as TV was turned off
Another variant world comes into the frame again.
Even the yawning of a puppy in it looks very charming

행운목에도 향기로운 꽃이 만발이다
더욱 즐거운 건
언제나 다정한 詩가 기다린다는 거다

And extraordinarily, fragrant flowers are bloom-
ing full
On the tree of good-luck.
Moreover, the pleasure I like to enjoy is the fact
There are tender-hearted poems always waiting
me.

2020년 대한민국

2020년 경자년은 무섭다
전 세계가 코로나19로
세계 3차 대전이 일어난 듯하다
민심은 흉흉하고 이웃끼리 담을 쌓았다

인간이 얼마나 어리석고 보잘것없는지
교만하고 용기까지 없는 인간을 꾸짖듯
하늘은 여름 내내 비를 내렸다
쏟아붓는 폭우다
무너지고 잠기고 온 나라가 물바다다
하늘이 대노 한 거다

폐에 먼지가 쌓여도
동생의 학비가 쌓이는 행복만 하랴
가난부터 몰아내고픈
누이는 쉼없이 재봉틀을 돌렸다
노동자 탄압이다
공정하고 정의로운 세상을 만들어야 한다
평등하게 잘 사는 나라를 만들겠다
공장에서는 가족의 끼니를 위해

죽을 둥 살 둥 일하는 동안 서울의 거리엔
화염병이 날아다니고
최루탄이 온종일 매캐하게 공기를 대신했다

한 세대가 나라와 가족을 위해 일터에서 희생하는 동안
정치가와 대학가는 데모와 시위로 나라가 시끄러웠다
물 대포가 오가던 데모대와 2020년 폭우가 흡사했다
데모대가 지나간 자리는 폭우가 지나간 자리처럼
파괴되고 피폐했다
그래도 그때의 국민들에겐 잘 살아야 한다는
각오와 희망으로 행복했었다
데모대는 나라를 전쟁터로 만든 대가로 정권을 잡았다
586세대 운동권 세대다
바꾸겠다던 세상은 바뀌지 않았다
기성세대의 탐욕만 답습했다

정의를 부르짖던 함성은
욕심과 비리의 온상으로 바뀌고
적폐 청산이라는 것이 윤리와 상식과
역사의 기본을 배우지 못한 탓에 더 많은 적폐만 쌓았다

을축 옥사(조선 1589)를 닮은 어리석은 정치 짓을
이 AI 시대에 가상 시대에 저지르고 있는 거다
국민을 얕잡아 보는 짓을 저지르고 있는 거다

남과 북 호남 지역감정으로 민심의 역린에 깊은 상처를 냈다
지도자에 대한 존경과 경외가 무너지고
국민에 대한 책임과 신뢰가 무너지니
나라가 비겁하고 염치없이 타락했다
어리석은 지도자와 용기 없는 국민이
국가의 운명을 촛불로 바꾼 것이다
그리고 촛불을 바람 앞에 세운 거다

나라를 일으켜 세운 늙고 병든 세대의
한탄과 울분이 하늘에 닿았다
하늘이 대노 한 거다
불을 내리고
전염병을 내리고
폭우를 내리니
분명 하늘이 벌을 내리는 것이다
하늘이 벌을 내리지 않으면 인재의 벌을 받을 것이다

구피

강물도 때로는 어긋나게 흘러갈 때가 있나 보다
세월도 그런지 요즘 세상이 참 수상하다
중국 인도 인구만큼이나
자고 나면 어항 속 구피들이 바글바글하다

돌아가실 때까지 긴 수염에 양반 갓을 쓰셨던
할아버지께서는 6.25 사변 때 중공 인민군이
총알 숫자보다 많았다고 말씀하셨었다
압록강 전선이 무너지고 3.8선이 그어진 건
순전히 중공 공산당 탓이라 하셨다

순한 바람은 강물도 순하게 만든다
사나운 바람은 강물도 거칠게 흔들어 놓는다
바람 따라 변하는 강물은 의지라는 게 있을까
강물의 의지를 볼 수 있었으면 좋겠다

인간에게 자유는 존재하기나 한 걸까
사람에게 권리는 지켜지기나 하는 건가
우리도 의지대로 자유롭게 살 수 있다면 좋겠다
사람다운 권리를 누리고 살 수 있다면 좋겠다

구피의 오물을 청소해 줄 거란 생각으로 달팽이 한 마리를
어항에 넣었다
어리석은 내 생각이 구피를 몰살시키듯
어리석은 지도자는 나라를 망하게 한다

먹이인 줄 삼킨 달팽이 알은 구피의 몸속에서 기생하고
어미 달팽이는 새끼가 죽인 구피의 시체를 먹고 산다
살인자와의 동침인 줄 모르고
의지 밖의 세계에서 살아가는 구피

모르는 건 죄인가
벌 나비의 유혹도
꺾기는 아픔도 불행인 줄 모르고
늘 한곳에서 아름답게 피어있는 꽃
모르는 건 아름다움인가
꽃은 아름답다

사람들은 누구나 꽃을 좋아한다
두렵다고 설레는 사랑을 마다하랴
사랑도 삶도 모르는 채로 왔다가 흘러간다

모르는 것은 죄다
모르는 것이 행복이기도 하다

2부

여름

「2001. 6. 5. 강가에 앉아 출판기념회에서
신세훈 한국문인협회 이사장과 문인들」

「2011. 6. 29. 영랑문학상 시상식에서 김광휘
작가님과 가족들에게 본상 수상 축하를 받으며」

공작선인장

내생의 인연은 아닌 듯
전설 속 꽃이 아닐까
10여 년의 잉태 끝에 만난 눈부신 변신
화려하고 요염한 자태로 몸을 풀었다

어둠 속으로 가만가만 풀어내는 체향
신선하고 감미롭다 못해
지천이 몽롱한 꿈결이다
취할 듯 황홀하다

이 짧은 아름다움을 위하여
사뿐사뿐 숨죽이고 건너온 세월
화산을 잉태한 불씨였을까
이제 거침없이 폭발하는구나
눈부시게 폭발하는구나

문주란

10여 년을 굳건하게 자라온 인내한 만큼
2024년 무서운 폭염 속에서
품위 있게 우아한 자태로 꽃을 피웠다

가늘 가늘한 우윳빛 꽃잎에서 배어 나오는
달콤하고 고혹적인 향기
곱고 맑은 아가의 사랑을 닮았다

바라만 보아도 눈부시고
보고 또 봐도 어여쁘다

코끝에 닿는 매 순간이 기쁨이고
눈앞에 보이는 매 순간이 설렘이다

수국

세상 물정과는 전혀 거리가 먼
순결한 미소
어여쁘기도 하셔라

송이마다 피어나시는
몽실몽실한 기쁨
포근포근한 아늑함

지금 이 찬란한 행복
너무나 아름다워
꿈일까 두렵다

치자꽃

현실을 잊게 하는
무지개 꿈을
한 아름 품게 하는

내가 사는 지금이
어렵고 힘이 들어도
마술 부리듯

어느 날
느닷없이
설렘으로 다가와
희망을 속삭이는
보랏빛 신비한 향

연꽃

새벽의 평온한 마음을 유지하자
잡념은 버리고 잊고 지워버리자
스스로 어지러운 것 더러운 것
가릴 줄 알아야 한다
한계선을 그을 줄 알아야 한다

진흙 속에서 홀로 향기를 뱉어
고고하게 단장하고
홀로 고요히 자신을 피워내는
인내의 꽃은 아름답다
흐트러지지 않은 곡선만 봐도
끊임없는 그대의 내공 선명하다

도라지꽃

엄지 하나
검지 하나

한 잎 또 한 잎 펼쳐질 때마다
햇살처럼 스며드는 화사한 행복

저 앙증맞은 손짓 좀 봐
가슴 쫄깃한 웃음 소린 어떻구

밤새
찬란한 은하수가
흘러온 게 분명해

출렁대는 저 꽃무릴 보면

유월 장미

태양을 먹은 듯
핏빛으로 피어난
눈부신 장미 한 떨기

꺾을까
설레는 마음
현혹되어 가시에 찔렸네

눈길조차 주지 않는
도도한 자태
향기에 취해
얄밉다 못해 미안함이 앞서네

장미

견딜 수 없도록 보고 싶을 때가 있었어

연락이 없다고
잊은 것은 아니야

기억에서 지울 수 없는 것들도 있어

핏빛 상처로
심장을 뛰게 했던 너

아찔했었지 그 순간

아이러니

풀이란 이름을 불러주기 전
꽃이라 불렀을
꽃밭이 아니었으면
꽃보다 더 고운 꽃이 되었을
곱고 여린 풀을 뽑는다

꽃밭에 태어난 인연으로
죽음으로 잊혀지고 말
사유의 중독으로 자라는 가엾는 생명
누가 이 여린 생명에 삶과 죽음을
저울질할 수 있단 말인가

인간의 부끄러운 잣대에 마음은 아린데
양심과 무관한
본능에 익숙한 손은
저절로 풀을 뽑는다

택배

고성에서
택배가 왔다

커다란 상자에서
고등어가 나오고
오징어, 새우가 나오고
물미역 톳이 나온다

굴과 게와
조개와 고동이 나오고
나오고…
드디어
바닷바람과
푸른 파도까지 출렁거린다

끝없는 지평선 너머로
외로운 섬 하나
떠올랐다
가라앉는다

울컥 보고 싶다
웃으면 보름달이 되는 언니

독도

사는 동안
우리의 허물
수없이 벗을 수도 있었는데
우리를 흘러간 어리석은 세월이
억만 년 꿈인 듯
억만 근 짐인 듯
허물지 못하는 미련
허망하고 허망하다

기약할 수 없는 재회를 꿈꾸며
전생에 씨앗 하나
동해의 푸른 바다에
빛으로 심어 두고
천년이 흐르도록
만년이 흐르도록
변치 않은 그대의 사랑으로
꼭꼭 다독여 온 그리움
독도

나는 바다로 태어나

그대 곁을 흐르는 파도와
그대 곁에 머무는 외로움이 되리니
바다의 영혼에 몸과 마음을 씻고
바다의 지혜와 포용으로 귀를 열어
그대의 고통까지 사랑하리니
칼날에 베인 듯
홀로 외로운 섬
독도

파도 · 1
- 이별

온몸으로 웃어 주는 너를
심장에 박아 두고
하얗게 달려와 곤두박질치는
너의 싱싱한 천둥소리로
높고 깊은 하늘을 열었다

보이지 않는 곳으로 흘러간 네 마음을
데려올 수 없어 내 마음은
소금밭에 선 터진 물집 같다
기다린다는 것이 얼마나 쓰라린 아픔인지
모래밭에 스며드는 밀물 같다

끝없는 포용인 줄 알았는데
뱉어내는 한숨마다 탄식이다
차라리
하얀 맨발로 뜨겁게 달려가
눈부시게 안아 올리는 포옹만으로
찬란한 이별을 준비할 것을

파도 · 2
- 짝사랑

그대는 말이 없는데
내 마음만 출렁댄다

함께 부서지고 싶은 욕망
어디쯤 닻을 내릴까

그대의 마음 사로잡을 수만 있다면
지옥인들 두려울까

끝없는 삶 언저리 어디쯤에서
못 이기는 척 팔짱을 껴볼까

이리 뒤척 저리 뒤척
새하얗게 지새운 밤들이 출렁댄다

뭉텅뭉텅 뒤집어지는 생각들도
속절없이 출렁댄다

파도 · 3
- 연모

바다는 말이 없는데
파도는 부서지고
산은 고요한데
바람은 분다

함께 부서지고
함께 흔들려 보아도
지나고 보니 그대로이다

어디까지 헤아릴 수 있을까
아득한 지평선 너머
당신의 뜻을

파도 · 4
– 축복

산다는 것이
그렇게 힘든 것만은 아니란 걸
알게 되었어 우리는

밀물에 쓸려온 모래를 봐
두려움을 이겨 낸다는 것이
얼마나 정결한 건지
축복을 받은 것 같아

썰물에 쓸려 나가는
쓸쓸함을 참아 낼 수 있다는 것이
얼마나 당당하고 도도한지
오만스럽기까지 해

가고
또 가다 보면
탈없이 가 버린 오늘이
얼마나 다행한지
감사의 기도를 하게 되지

파도 · 5
– 허무

파도는 파도를 만들어 오고
구름은 구름을 만들어 온다

지평선 너머 보이지 않는 곳까지
바람은 하늘을 따라간다

바람은 파도를 닮아 싱그럽고
파도는 바람을 닮아 향기롭다

아름답지 않은 것은 집(什)이다
사람이 만든 집은 욕망이다

파도의 집은 허무다
바람도 허무의 집에 산다

가질 수 없는 집에
갇혀 사는 건 사람이다

폭우

속 시원히 할 말 퍼부었다고
답답하던 가슴이 뚫릴까요
마음만 괴롭히는 후회가
가슴을 때릴 텐데

장대비 쏟아붓는다고
더러운 세상이 씻겨질까요
할퀴고 지나간
상처가 더 심란할 텐데

사람 사는 권리는 늘 모자라도
하루에도 수만 번 피고 지는 인생사
건강한 꽃밭으로 만들고 싶어요
폭우가 오기 전

3부
가을

「2012. 12. 21. 유주현문학상 향토상 수상」

「여주시 문화원장 이영자의장 정소성작가
원용문심사위원장 등 여주시의원」

국화꽃

국화꽃 몇 송이를 달 항아리에 꽂고
가을을 다 가진 듯
정원을 다 가져온 듯
행복에 젖어 듭니다

언제나 따스하게 내 손을 잡아
가슴에 품어 주시던 어머니 체향 닮은
은은한 국화꽃 향기는
말없이도 마음을 읽어 주시던
푸근한 어머니 마음

조용한 미소 하나로
다정한 몸짓 하나로
온갖 걱정 해결해 주시던
어머니 닮은 국화꽃
이 가을 다 가도록
가슴에 가득 피우겠습니다

가을이 깊어 갈수록 그윽한 국화꽃
세월이 갈수록 그립고 그리운 어머니

달맞이 꽃

참 뜨거웠다

어지러운 세상
뜨거웠던 한 세상
마음 하나 삭히질 못한 채
가을을 맞이하기엔
아쉽고 낯설다

가고 오는 것이 이렇게
힘든 것이었구나

눈 감고
귀 막고
마음 닫고
다스려도 힘이 들고
숨죽여도 타오르는 욕망이었다

오직 달님을 향한 창백한 그리움
가슴을 적시는 달콤한
향기만 애처롭다

모과

화려하지 않아도
은은하게 멋지고
잘나지 않았어도
넉넉한 품위가 있다

맛나지 않아도
달콤한 향기는
기가 막히다

잘난 척
가진 척
배운 척
착한 척
살다 보니
모과만도 못한 것들이
세상을 참 불편하게 한다

감국

한 아름 꺾어간 뒤 계산해~~^^

감국이 피었다는
싱그런 언니의 카톡에
바람처럼 달려가
한 아름 꺾어 온 감국 꽃 선물

생시인가
꿈인가
집안이 온통 감국 밭이다
콧노래 흥얼대며 들판에 누워

깊은 가을에 젖는다

석류

겹겹이 여며도
넘치는 호기심

꽃방 너머
사알짝 엿보려다

화들짝 놀란 가슴

호박

대청마루에 가부좌를 틀고 면벽 수행 중이다
마지막 풋내 한점까지 털어내는 숙성의 시간이다

여름은 호박꽃의 계절이다
한 뼘의 땅만 있으면 억척스레 넝쿨을 뻗어
담장을 타오르고
가뿐히 지붕에 올라탄 밤이면 끝없는 은하수
별들과 푸짐한 노란 꽃잔치를 벌이던
그리운 시절도 있었다

징글맞게 타오르던 한낮의 열기도
개숫물 한 바가지면 번쩍 기운을 차리고
초가지붕을 차지했었다

힘들고 척박한 환경을 탓하지 않고
자신을 키우고 다스렸다
각박한 세상을 살아내느라
고달팠을 뭉툭한 아낙네의 손길에
햇순마다 꺾여 나가도
절망하거나 요절하지 않고

동병상련 용서하며 이해하려 했다

옹골찬 참을성과 기상만은
팔월의 햇볕보다 뜨거웠다
호박꽃도 꽃이냐는 비아냥 무색하게
매순간 악착같이 성실이 자신인 양 갈고 닦았다
사리 대신 황금 보석으로 빼곡하게 속을 채웠다

하늘을 이고 꿈꾸던 세상
이제 자신을 돌아보며
편안히 가부좌 틀고 앉아
냉철한 자숙의 시간으로 가는 중이다

갈대

이제는 가야 할 때
버리는 것만이 자유로운 것을

가벼운 몸짓으로
무거움을 비워야 할 때

털고 털어 내어
솜털처럼 가벼운 마음으로
떠다닐 수 있는 자유

가을이 오고서야
비로소 해탈한다

소망

돌탑 위에
돌 하나 올려놓듯
올려놓을 수만 있다면

그대 마음에
내 마음 올려놓고 싶다

그런 마음으로
그대와 나 살고 싶다

별

깊은 밤
꽃이 피어나기 시작했다
곱고 맑은 눈

한때는 그에게 별이 되고 싶었었다
별보다 더 빛나던
사랑을 꿈꾼 적도 있었다

어둠 속에 수없이 묻어버린
별보다 고왔던 약속들
별보다 눈부신 다짐들

박제된 듯 온통 하얗다
은하수처럼 무심하다
불을 켜리라

어둠을 살라
반짝이는 사랑 하나
가슴에 태우고 말리라

어둠을 살라
눈부신 별 하나
가슴에 띄우고 말리라

차

얼만큼 우려내야
진 맛을 낼까

풋풋한 떫음으로 헹궈낸 다음에야
혀끝에 고이는 단맛

슬픔 뒤에 찾아오는 평온처럼
차 맛은 오롯이 성숙이다

처녀의 순백을 지나간
중후한 삶으로 잘 숙성된
갈색 맛이다

분재

장애란 굴레가
인간에게만 혹독한 시련인가
기형의 모습일수록
빼어나게 수려한 것은

생명이 닿을 수 있는 곳 어디든
비틀어 가지를 뻗는
감동과 존경스러운 생명력

기묘한 소나무 한 그루
홀로 산 정상에서
단아하고 당당하다

인연

소나무에 뒤엉킨
칡넝쿨과 등나무
한 번도
마음을 섞어 보지 못한
그와 나 같다

하나인 듯 아닌 듯
따로인 듯 기생인 듯
몇 번인가
그와 치른 전쟁도
저리 치열했으리라

한치도 양보하지 않고
뒤엉킨 채 자라온 미움
네 마음에 나를 섞는 것이
저토록 힘든 일이었을까

내 마음에 너를 용서한다는 것이
그토록 어려운 일이었는가

ties

entwined around pines
kudzu vine and rattan
never
shared feelings between
him and me

like one
like separate parasite
many times
waged war between me and him
how fierce the wars were
no concession

entangled, growing hatred
mixing your and my mind
how difficult it is
forgiving you in my mind
was it really difficult?

한 몸속에 살고 있는
미움과 사랑은
죽어도 떨어질 수 없는 운명이었나 보다

living in one body

hatred and love

must be a inseparable fate until the death

돌 틈

돌 하나에 시름 담고
돌 하나에 근심 얹어
꿈 많던 청춘이 언제 적이던가
하루하루 살아온 흔적이
누룽지처럼 눌어붙었다

삐뚤빼뚤 쌓아 올렸다
얼기설기 대충대충
끊어질 듯 이어질 듯
틈으로 이어져
틈으로 빠져나가는 바람

우리의 삶도 보태졌는가 하면
흔적 없이 빠져나간다
인생에도 틈이 있는 거다

고추같이 매운 마늘이
파랗게 자라고 있다
차돌 같은 감자가 씨알을 품고
옹골차게 자라고 있다

정겨운 건 엊그제처럼
돌아올 수 없는 싱그러운 청춘이
한 컷씩 누를 때마다
유채꽃 위로 눈부시게 피어나고 있는 거다

가슴은 물살 퍼지듯 설레는데
내심 돌 틈 사이로 견고해지는
화창한 햇살에 나는 그만 눈을 감는다

노송

반세기 갓 넘긴 세월
힘들다
힘들다
안달해 온 나 자신

천년 인지
만년인지
한 곳에서

침묵과 인내의 세월을 살아온
당당한 소나무의 기개가
부끄럽고 존경스럽다

조약돌

강가에 앉아
수없이 펼쳐진 강변의 돌들을 본다
모나면 모난 대로
둥글면 둥근 대로
세파의 문양을 닮은 수많은 돌들

나를 흘러간 세월은
수만 년 길고 긴 꿈 같기도 하고
억만 근 무겁고 답답한 바위 같기도 하고
자유롭지만 외롭고 허망한 바람 같기도 하다

시시때때 흔들리는 내 마음과 달리
마음의 그림자 단단히 누를 줄 아는 돌들의 처세
하나하나 닮고 싶은
소중한 삶의 교훈들이다

돌

머물러 있는 것이 상처 나는 법은 없다
구르며 굴러가며
자신의 허물 갈고닦다 보면
고통의 어디쯤에서
인내의 지고한 아름다움이
뭉클 가슴을 덥혀 준다

뜨거운 돌은
언제 어디서나
어려움 속에서도
아름다운 미소를 지을 줄 안다
향기로운 멋을 풍길 줄 안다
만만 년 세월을 초월한 풍류를 안다

을숙도

억새가 울기 시작하자
철새들이
일제히 날아오르기 시작했다
바다도
덩달아 술렁대었다

철새가 떠난 빈 자리
허무처럼 텅 빈 뼈대들을 세우고
아스라한 수평선에
무수한 점을 찍는다

한랭전선이 머물다 떠난 갈대숲
마른 잎새들 서로 겨울을 살아낸 안부로
평화로운 풍경화 한 폭
어느새 바람이 지우고 있다

만추

찬 갈바람에
마지막 노오란 은행잎이
폭포처럼 쏟아져 내립니다

가을 나무가 잎을 떨어뜨려 여름을 내려놓듯
나는 떨어지는 낙엽을 보며 근심을 덜어냅니다

떨어지는 낙엽에 허망도 얹어 덜어냅니다
우수수 쏟아진 은행잎 위로 황금빛 파도가 일렁입니다

검푸른 바닷가로 흩어지는 노오란 물결
이제 가을을 거두어야 할 계절입니다

4부

겨울

새 발자국

하얀 눈 위에
종종종 꽃이 피었다

햇살이 부서지는 눈밭에
가득 피어난 눈부신 꽃

종종종 현란하다

시계꽃

햇볕도 바람도 없는
한겨울 거실에서
기온만으로 봄이 온 줄 안 걸까

때를 가늠하고
꽃을 피운 시계꽃 감각이
신통방통하다

계절이 바뀌면 어떻게
홀로 옷을 벗고
홀로 옷을 입을 줄 아는지

사랑은 또 어떻게
약속도 없이
왔다가 가는지

눈꽃

세상의 한이란 恨은
모두 하얗게 꽃으로 피어

펑펑
쏟아지는 서러움 끝이 없다

창공을 뒤덮는 하얀 서러움
그립고 애달파라

그칠 줄 모르고
밤새 하얗게 피어난다

난

관습과 인습의 멍에를
벗어 버릴 수 없었던
기억의 한계선 어디쯤
귀향의 그리움 언저리쯤일까

수채화처럼 안개가 펼쳐 진
강가 같기도 하고
구름 사이로 산맥을 겹겹이 펼쳐 놓은
산 정상 같기도 한

아련하게 떠오르는 고향 산천의
모습과 향기를 닮아가고 있는
오만하도록 고고한 너의 자태에
청아하도록 절절한 너의 향기에

취하고 매료되어
네 곁을 떠날 수가 없구나

눈

솜처럼 보드랍고 커다란 눈꽃 송이가
손바닥 위에서
솜사탕처럼 하르르 녹는다

너무나 고와 심장이 뛴다
숨막히도록 아름다운 것들로
설레는 나는 아직 여리다

설경의 순백 위로
선한 눈송이의 유희는
신의 무한한 축복이다
기쁨의 선물이다

변화

모른다는 말이 겸손의 미덕으로 여기던 시절이 있었다
진실인지 가짜인지 기본 상식이 무너지는 세상이다 보니
요즘 정치권 위정자들 사이에선
엉큼하게 잡아뗀다는 표현으로 사용되는 경우가 많다

부끄러움을 모르고 변명을 밥 먹듯이 하는가 하면
비상식이 상식이라 우기는 몰상식이 이기는 세상이다
염치를 모르는 사이비 인간들이 판을 치는 탓이다

가난을 벗어나고자 죽을 둥 살 둥
일만 해 온 70~80세대가 모르는 사이
세상은 참 많이도 변했다

편리한 세상이라는데 편치가 않고
없는 게 없는 세상이라면서 없는 것 투성이다
정신없이 바쁜데도 외롭고
슬플 일이 없는데도 즐겁지가 않고
가난하지도 않은데 늘 허기가 진다

죽는 사람이 태어나는 생명보다 많고

너보다 내가 소중하고 이기적이다 보니 결혼이 힘들다
불과 반세기 만에 변한 우리나라 상황이다

6.25전후 국민소득 2,000$였던 가난한 후진국에서
30,000$ 선진국이 된 우리는
옛날의 가난이 부끄러워
사실을 왜곡하고 역사를 과장하고
가난을 극복한 고생을 덮으려 했다

우리의 소중한 가치를 찾고 간직하는 게 용기인 줄 몰랐다
우리의 허세투성이인 부끄러운 역사를
반성하고 각성하는 게 용기인 줄을 몰랐다
변화가 관습 속에서 인습 속에서 전통 속에서
핏줄이 되어야 산다는 걸 몰랐다

쓸데없는 허세에서 진실로 돌아와야 하는데
이념의 분열에서 이해하는 방법을 찾아야 하는데
권력의 탐욕을 경멸하는 사회를 만들어야 하는데
내 주장보다 이웃의 의견을 듣고 존중하고 소통하는
사회를 만들어야 하는데

국민은 국가를 신뢰하고
국가는 국민을 지키는 나라가 되어야 하는데
모두가 이렇게 변해야 하는데

천국

천국은
늘 내 곁에 있다

어제도 내일도 아닌 오늘
전생도 이승도 아닌 지금
마음이 편한 지금이 천국이다

천국은
오가는 말이 상냥하고 친절하다
오가는 미소가 따뜻하고 다정하다
오가는 마음이 너그럽고 애틋하다

눈빛만으로 사랑을 소통한다
신이 타인이 아닌
나 자신과의 약속이 진실하다면
나 자신에게 당당하고 떳떳하다면

나의 자유가 행복이다
행복이 천국이다

남 몰래 흐르는 눈물

남 몰래 흐르는 눈물
온 세상이 다 변해도
우리의 사랑은 변치 않을 거라고
굳게 굳게 다짐했던 그 언약 그 다짐
어디 무너진 적이 한두 번이었나요

무너지는 것이 어디 약속뿐이 던가요
절대 용서할 수 없다고 칼을 갈던 미움도
강물에 얼음 녹듯 나도 모르게 풀리지 않았던가요
바람에 벚꽃 지듯 어이없이 사라지곤 했지요

변치 않을 거라던
흘러가지 않을 거라던 젊은 날들의 오만
문득 뒤돌아보면
애틋한 안타까움에 남 몰래 눈물만 훔치게 되네요

고백

수천 가지 언어로도
수만 가지 설명으로도
표현할 수 없는

당신에게 나를 보여주는 것이
이토록 힘든 일이던가요

기약없이 가버렸던들
애틋한 이 끄나풀
가져가지도 못할 거면서

우크라이나전을 보며

파괴된 건물
아수라장이 된 포연 속 쓰러진 시체들
사진 속에서 스멀대는 비릿한 피 냄새
전쟁 안에 있는 사람
전쟁 밖에 있는 사람
무심한 마음으로 전쟁을 지켜보고 있는
전쟁 밖 우리는 누구인가
전쟁 속을 걷고 있는 병사들의 절박한 눈빛에
나는 한없이 부끄럽다
우리는 미안하지 않은가
가짜도 진짜로 만들고
진실도 허상으로 만드는
넘쳐나는 자본주의 속성들
이기심. 위선. 구역질 나는 쓰레기 악취로 오염된 텍스트들의 남용
부패된 미디어를 포장한 현란한 조명, 빛깔 없는 소음
병사의 가슴을 관통하는 총알보다
빠르게 목숨을 끊어 버리는 사악한 위선들
아! 전쟁 밖의 죄악이 초래한 저 불행을 용서하소서!
전쟁 안에 갇힌 불쌍한 영혼을 위로하소서!

ravaged building
gun smoke in turmoil
collapsed bodies
bloody smell in the picture
people inside the war
people outside the war
watching the war absent mindedly
who are we, outside the war
desperate eyes of soldiers walking in the war
I feel ashamed
why do not we feel sorry
transform fake into truth
transform false into truth
overflowing natures of capitalism
selfishness, hypocrisy, overuse of contaminated test with trash odor
bright spotlight, noise without color packed with corrupted media
rather than bullets piercing the hearts of soldiers
evil hypocrisy taking lives with speed

쓰러진 병사의 생명에게 너무나 미안한 우리
전쟁 밖 우리의 삶이 너무나 부끄럽다
병사의 마지막 절박한 눈빛에게 너무나 미안한 우리
전쟁 밖 오염된 우리의 가슴이 너무나 부끄럽다
사랑한다고
사랑한다고
당신의 죽음에게 한 방울 순결한 눈물로 기도하고 싶다

ah! please forgive the misfortune caused by crimes outside of the war
please console poor souls locked in the war!
we feel sorry to the collapsed lives of soldiers
too feel ashamed about the life outside of the war
feel too much sorry to the desperate eyes of soldiers
feel too much ashamed about our hearts contaminated outside the war
love you
love you
I want to pray to your death with innocent tear

잡념

마음에
미움의 생각도
원망의 생각도
심지 말자

잘못된 생각은
잡초와 같아서
잠시 틈만 나면
걷잡을 수 없이 순식간에 무성해진다

때늦은 후회는
얼마나 많은
상처를 동반하던가

그릇된 작은 생각의 씨앗이
무심결에 나 자신을 죽일 수도 있다

강에 뜬 달

하늘의 달을 두 손으로 잡았다

네 시로 세상을 바꿀 수 있다고
네 시가 세상을 바꿀 수도 있다고

내 시는 빵을 줄 순 없어도
내 시로 마음을 치료할 순 있어

이렇게
달을 두 손으로 건져 올리듯이

이 세상에 불가능은 없어
시심을 건져 올리는 한

사고

어제
이번이 고비라고
막내 학비 걱정을
환하게 웃으며 이야기 하던 그가
오늘
사진 속에서 환하게 웃고 있다

아픔과
고통은
이제 남은 자의 몫이 되었다

고해라는 이승도
천국이라는 저승도
그의 대답은
미워할 수 없는
환한 웃음 뿐이다

accident

Yesterday
Being in anxiety over a critical moment of this time
He talked about the school expenses of the youngest child
Smiling brightly.

Today
He is giving a brighter laughter in the frame of his own portrait.
Pains and
Agony became remains to the person left behind.

This world is so-called the sea of sufferings,
The other world is as they say the blessed land.
But his answer to both is nothing
but a very bright smile not to hate at all.

바람의 마음

눈을 감으니
바람이 보인다

재 너머 양돈장 더러운 두엄과
얼싸안고 뒹굴다
어느새 소리 없이 내 옆에 와 있다

씻고
털고
닦아도 역겨운 냄새

두루두루 어울려야
삶이 아름답다
향기롭다 말하는

뿌리칠 수 없는 바람의 손길
따라갈 수 없는 바람의 마음
어느새 내 마음에 불고 있다

대설주의보

간밤에
달빛이 유난히도 밝더니
새벽부터 폭설이다

사라락
사라락
밤새 바이올린 선율보다 더 곱게
어둠을 연주하는 소리에
숨이 막혔다

사랑도 이랬다
기가 막히게
아름답고 황홀해서
떠나가고 있는
그를 볼 수가 없었다

달팽이

비가 오자
나뭇잎 뒤에서
꿈쩍 않는 달팽이
손바닥에 올려놓고
거울 보듯
내 모습을 본다

등껍데기가
집인 줄 알았지
네 집인 줄 몰랐듯
이 탑차가 희망인 줄 알았지
평생 내 짐이 될 줄은 몰랐다

남보다 빠르게
남보다 앞장서서
무거운 줄 모르고
달려왔는데
반드시
벗어던지고 말리라

발버둥 쳐온 세월은
힘겨워도
바꾸어 봐도
유유자적
야속하게 제자리다

등산

세상일 잊고자
나는
산으로 가는데

세상일 돌보고자
바람은
산 아래 마을로 간다

청청한 나무의 정기를 타고
골짜기
골짜기
정갈한 향기를 거두어

지천으로 쌓인 만고풍상
얽히고
설키고
상처 난 뒤에야 깨달은 이치

용서하며
사랑하려

세상으로 간다

어리석은 나는
나 자신을 구원하고자
산으로 가는데

못미더운 세상 돌보고자
바람은
산 아래 마을로 간다

◆시집후기

손녀의 감기 간호 끝에 나도 감기에 전염되었다.
일주일간의 심한 기침은 폐렴을 불러왔다.
꽃다운 나이에 작은 언니는 폐렴으로 세상을 떠났다. 영양실조로 시집가기 전 죽을 거라는 사람들의 상상을 깨고 지지리 궁색으로 허약했던 나는 건강했던 언니보다 지금 이렇게 오래 살고 있다. 서른아홉에 자궁암 수술로 빈궁마마가 되었다. 앞으로 살아갈 아이들과 남편의 걱정 삶에 대한 애착 때문에 준비되지 못한 죽음이란 사유 앞에서 나는 많이 괴롭고 슬퍼했었다. 30년을 더 살고 폐렴 치료하다 육십아홉에 또다시 폐암 진단을 받았다. 사람이 죽을 수 없다면 얼마나 고통스럽고 괴로울 것인가.
사람이 죽을 수 있다는 건 크나큰 축복이다. 담담하고 순응적인 죽음에 대한 사유가 나를 편안하게 해주었다. 연륜의 처방일 것이다.
항암과 방사선과 수술 외과 선생님들과 토론 끝에 수술을 선택했다. 내가 살아오는 동안 후회스럽던 일들 잘못되었던 순간들도 이렇게 잘라 버릴 수 있다면 수술 선택 앞에서 육체뿐 아니라 정신도 병든 건 싹둑 잘라 버릴 수 있다면 하는 여유도 부려 보았다.

수술 후 3개월 안에 숨이 차도록 운동을 하면 폐가 100% 회복되는 신의 선물이 있다고 각인시키듯 의사선생님 표정이 진지하다.
정상 178m, 나에게 딱 맞는 높이와 능선이 아름다운 황학산에서 등산을 시작했다. 소나무가 많아 공기도 청정하고 향기롭기까지 하다.
늘 입구부터 산길 전체를 맨발걷기 회원들이 깨끗하게 쓸어 놓아 나도 저절로 발이 시리지 않은 삼월 중순부터 신발을 벗고 걷기 시작했다. 평생 운동을 멀리하고 산 내게 맨발 걷기 20회쯤부터 몸에 신호가 왔다. 숙면과 관절이 부드러워지고 어깨 무릎 허리 아픈 것이 서서히 사라졌다. 수술 4개월 만에 100% 건강 회복되었다는 진단을 받았다.
이제 몸이 아픈 신호만 오면 산으로 향하는 버릇이 생겼다.

젊은 시절 돈 버느라, 일하느라, 자식 키우느라, 머리 아플 때 진통제로도 해결할 수 없을 때 사업장 뒤에 있는 황학산을 오르면 산 중간에서부터 머리 아픈 것도 마음 어지러운 것도 사라지곤 했었다.

페북에 비 오는 날에도 찍어 올린 사진을 보고 〈황학산 여신령〉이라 댓글 올린 산악인 지인의 마음에 쏙 드는 멋진 표현에 감사 인사를 보냈다. 그리고 보니 평생을 황학산 곁에서 의지하고 신세를 지고 산 셈이다. 내 시비도 황학산에 있다. 덕분에 황학산에 오른 지인들이 사계절 시비를 찍어 안부 인사를 나누며 살아왔다. 황학산을 몇 개월 오르다 보니 초입에 사금 돌광맥이 사랑 표식이 되어 있는 게 보이기 시작했다.

황학산을 오르는 모든 등산객에게 산이 보내는 사랑의 표시라 생각한다. 몇 명이 그 표시를 보며 등산을 하는지는 모르지만 나는 늘 그 앞에서 감사의 인사를 한다. 산도 나를 사랑한다는 약속을 하는 것 같기 때문이다.

아침 점심 저녁 시시때때 사시사철 한결같지만 늘 새롭고 아름답게 만나는 황학산.

나는 지금도 보드랍고 정겨운 흙을 밟으며 청정한 골짜기 골짜기 맑은 공기를 마시며 산을 오른다.

◆해설

놀라운 세계에 대한 시적 탐구

정성수(丁成秀)
(시인, 전 한국문인협회 부이사장)

홍은숙 시인의 네 번째 시집 『강가에 앉아·IV』는 우리들이 포옹하고 있는 이 놀라운 세계에 대한 시적 탐구와 인간에 대한 순수하고 아름답고 따뜻한 긍정의 시선이 특수한 영혼의 파노라마처럼 숨가쁘게 펼쳐진다.

그의 시는 이해불가의 난해시나 횡설수설하는 요설적 자유시와는 전혀 시적 차원이 다른 티없이 맑고 깨끗한 순수 서정시이다. 이것저것 여러 가지 상황들을 중언부언 쓸데없이 늘어놓지 않는 일종의 시적 단순화 작업, 시적 정서의 통일, 비교적 짧고 이미지가 선명한 시들의 잔치……!

그의 이 풍진세상에 대한 순결한 사랑과 폭넓은 포옹과 깊은 사색과 감성과 지성의 아름다운 조화가 여기저기서 수많은 꽃송이들처럼 눈부시게 피어난다. 말하자면 일종의 특별한 시적 순수영혼의 역동적 축제가 아닐 수 없다. 너무나 순결한 시들이 읽는 이로 하여금 따뜻한 감동의 파도를 불러일으켜준다.

다음 시를 살펴보자.

하늘하늘 눈이 내리고 있다
하염없이 내리는 꽃잎

피는 꽃보다
지는 꽃이 더 아름다운 꽃

아름다운 이별을 위해서
더 맑고 눈부시게 태어난 꽃

힘겨운 일상일랑 가볍게 비워 내고
무거운 마음들은 가볍게 털어 내고

나비보다 가볍게
눈보다 애틋하게

그대의 가슴에
내 마음에 속절없이 젖어드는 꽃잎

- 「벚꽃」 전문

문자 그대로 '벚꽃' 예찬시다. 꽃송이의 아름다운 이별가. 제1연에서 '하늘하늘 눈이 내리고 있다/하염없이 내리는 꽃잎'이라고 땅 위로 낙하하는 눈부신 벚꽃을 새하얀 눈송이의 흩날림에 비유하고 있다. 그 눈송이 같은 하얀 벚꽃 잎사귀는 쉬지않고 '하염없이' 지상으로 환상처럼 내리고 있다. 슬프지 않은 티없이 아름다운 낙화이다.

제2연에서는 '피는 꽃보다/지는 꽃이 더 아름다운 꽃'이라고 지구 위로 낙하하는 '벚꽃'을 생화보다 더 아름다운 꽃으로 승화시킨다.

제3연에서는 '아름다운 이별을 위해서/더 맑고 눈부시게 태어난 꽃'이라고 다시 명명한다.

꽃의 자기 육신(나무)과의 어느 날의 이별은 슬프고 서러운 이별이 아니라 너무나 아름다운 이별이고 그 아름다운 이별을 위해서 '벚꽃'은 허공 속에서 사라지는 게 아니라 지상에서 '더 맑고 눈부시게 태어난'다. 말하자면 아름다운 꽃의 눈부신 부활이다.

제4연~6연, "힘겨운 일상일랑 가볍게 비워 내고/무거운 마음들은 가볍게 털어 내고//나비보다 가볍게/눈보다 애틋하게//그대의 가슴에/내 마음에 속절없이 젖어 드는 꽃잎'이라고 노래. 지상으로 낙하하는 '벚꽃'의 꽃잎은 힘겨운 일상이나 무거운 마음들을 깨끗이 지워버리고 그대와 나의 쓸쓸한 가슴 속에서 아름답게 승화되는 놀라운 꽃잎이 아니냐…?

다음 시를 살펴보자.

내 님 오시는 길
어둠 가득할까
개망초 하얗게 뿌려놓았지

내 님 가시는 길
아쉬움 가득할까

개망초 향 풋풋하게 적셔 놓았지

　　하얀 꽃물결 따라
　　흘러가는 우리의 사랑
　　곱기도 해라 은하수 물결처럼

　　　　　　　　　　　　　-「개망초」전문

　3연으로 이루어진 시.
　제1연에서 '내 님 오시는 길/어둠 가득할까/개망초 하얗게 뿌려놓았지'라고 나를 만나러 오는 그리운 님이 나에게 오는 길 위에 혹시라도 짙은 어둠이 깔려 있을까 봐 달빛처럼 하얀 개망초꽃을 여기저기 정성껏 뿌려 놓았다. 연인을 사랑하는 깊고 애틋한 시적화자의 따뜻한 심정이 잘 어우러진 귀절…!
　제2연에서 '내 님 가시는 길/아쉬움 가득할까/개망초 향 풋풋하게 적셔 놓았지'라고 나를 만나고 돌아가는 님이 걸어가는 길, 사랑의 아쉬움이 오래오래 넘쳐날까 봐 길 위에 개망초꽃 향내를 '풋풋하게 적셔 놓았' 다.
　제3연, '하얀 꽃물결 따라/흘러가는 우리의 사랑/곱기도 해라 은하수 물결처럼'이라고 님과 나의 순수한 사랑은 저 하늘 은하수의 하얀 물결처럼 너무나도 곱고 아름답다. 뜨거운 사랑이 변함없이 오고가는 가슴 따뜻한 연인들의 순수한 연정……!
　다음 시를 살펴보자.

고성에서
택배가 왔다

커다란 상자에서
고등어가 나오고
오징어, 새우가 나오고
물미역 톳이 나온다

굴과 게와
조개와 고동이 나오고
나오고…
드디어
바닷바람과
푸른 파도까지 출렁거린다

끝없는 지평선 너머로
외로운 섬 하나
떠올랐다
가라앉는다

울컥 보고 싶다
웃으면 보름달이 되는 언니

— 「택배」전문

 먼 곳에 사는 친언니가 시적화자에게 보내온 인정사정 없이 고마운 '택배' 선물……! 제1연에서 3연까지는 '택배' 속에 들어있는 각종 해산물들의 수많은 종류를 구체적으로 보여준다. 고등어부터 고동까지……!

3연 끝에서 '……드디어/바닷바람과/푸른 파도까지 출렁거린다' 라고 여러 가지 해산물들 속에서 언니가 사는 고장의 바닷바람이 일어나고 푸른 파도까지 출렁거리는 듯한 특별한 환상적 느낌에 빠져들게 된다.

4연~5연에서는 '끝없는 지평선 너머로/외로운 섬 하나/떠올랐다/가라앉는다//울컥 보고 싶다/웃으면 보름달이 되는 언니' 라고 고성 땅에서 고독하게 살고 있는 언니를 '외로운 섬 하나' 라 은유, 머리 속에서 문득 '떠올랐다' 사라진다'. 마지막 연에서 '울컥 보고 싶다/웃으면 보름달이 되는 언니' 라고 웃으면 한순간 얼굴이 둥근 보름달처럼 환해지는 언니를 마구 그리워한다. 자매끼리 오고가는 형제간의 깊은 사랑이 겨울날 온돌방 아랫목처럼 대단히 푸근하고 따뜻하다.

다음 시를 살펴보자.

그대는 말이 없는데
내 마음만 출렁댄다

함께 부서지고 싶은 욕망
어디쯤 닻을 내릴까

그대의 마음 사로잡을 수만 있다면
지옥인들 두려울까

끝없는 삶 언저리 어디쯤에서
못 이기는 척 팔짱을 껴볼까

이리 뒤척 저리 뒤척
새하얗게 지새운 밤들이 출렁댄다

뭉텅뭉텅 뒤집어지는 생각들도
속절없이 출렁댄다

— 「파도 · 2 – 짝사랑」전문

짝사랑……! 어쩌면 이 세상에서 가장 순수한 사랑은 짝사랑이 아닐까……? 오직 상대방에게 하염없이 주기만 하는 사랑, 주고받기가 없는 일방통행적 사랑, 일종의 희생적 사랑……!

제1연과 2연에서 '그대는 말이 없는데/내 마음만 출렁댄다//함께 부서지고 싶은 욕망/어디쯤 닻을 내릴까' 라고 사랑하는 그대는 아무 말도 반응도 없는데, 나 혼자서만 홀로 가슴이 설레어 사랑하는 그이와 함께 미친 듯이 뜨겁게 서로 사랑하다가 어느 날 함께 망가져도 좋은데, 아아, 속절없는 내 사랑 어찌해야 하나……?

제3연과 4연에서는 '그대의 마음 사로잡을 수만 있다면/지옥인들 두려울까/끝없는 삶 언저리 어디쯤에서/못 이기는 척 팔짱을 껴볼까' 라고 사랑하는 이의 마음을 온통 사로잡을 수만 있다면 내가 당장 지옥에 간다하더라도 전혀 두렵지 않지, 언제쯤 미친 척하고 팔짱을 껴볼까나……!

제5연과 6연에서는 '이리 뒤척 저리 뒤척/새하얗게 지새운 밤들이 출렁댄다//뭉텅뭉텅 뒤집어지는 생각들도/속절없이 출렁댄다'라고 사랑하는 사람의 생각에 온갖 공상으로 밤을 새우며 이리 뒤척 저리 뒤척 끝없이 번민하는 시적화자의 안타까운 심정을 절절하게 노래한다.
다음 시를 살펴보자.

돌탑 위에
돌 하나 올려놓듯
올려놓을 수만 있다면

그대 마음에
내 마음 올려놓고 싶다

그런 마음으로
그대와 나 살고 싶다

- 「소망」전문

숭고한 사랑의 시. 쓸데없이 이것저것 나열하지 않고 시적 내용이 놀랍도록 단순소박하지만 너무나 간절하고 눈물겨운 사랑 고백시. 그대가 쌓아올리는 저 생의 돌탑 위에 그대를 사랑하는 내 마음 한 층 올려놓고 싶다, 이 얼마나 순수하고 아름다운 사랑인가……!
사랑 만세……!
다음 시를 살펴보자.

찬 갈바람에
마지막 노오란 은행잎이
폭포처럼 쏟아져 내립니다

가을 나무가 잎을 떨어뜨려 여름을 내려놓듯
나는 떨어지는 낙엽을 보며 근심을 덜어냅니다

떨어지는 낙엽에 허망도 없어 덜어냅니다
우수수 쏟아진 은행잎 위로 황금빛 파도가 일렁입니다

검푸른 바닷가로 흩어지는 노오란 물결
이제 가을을 거두어야 할 계절입니다

-「만추」전문

   만추시가 전해주는 지구별 가을날의 깊고 아름다운 정취가 한 아름 가득히 저 시퍼런 파도처럼 물결쳐온다.
   제1연과 2연에서 '찬 갈바람에/마지막 노오란 은행잎이/폭포처럼 쏟아져 내립니다//가을 나무가 잎을 떨어뜨려 여름을 내려놓듯/나는 떨어지는 낙엽을 보며 근심을 덜어냅니다'
   아주 좋은 귀절. 차가운 가을바람에 마지막 노오란 나뭇잎이 폭포처럼 쏟아져 내린다, 얼마나 가을 바람속 낙엽의 마지막 유언 같은 하강, 얼마나 멋진 표현인가……! 다음 귀절 역시 멋지다. '가을나무가 잎을 떨어뜨려 여름을 내려놓듯……!' 절창이 아닐 수 없다.

'나는 떨어지는 낙엽을 보며 근심을 덜어냅니다'. 생을 내려놓는 낙엽처럼 여러 가지 쌓인 근심을 시나브로 내려놓는 시적화자, 마침내 우리 곁에 영혼이 뜨거운 가을이 왔다……!

다음 시를 살펴보자.

하얀 눈 위에
종종종 꽃이 피었다

햇살이 부서지는 눈밭에
가득 피어난 눈부신 꽃

종종종 현란하다

-「새 발자국」전문

제1연, '하얀 눈 위에/종종종 꽃이 피었다' 하얗게 내린 눈 위로 겨울새 한 마리가 종종걸음을 쳐서 그 새의 예쁜 발자국이 마치 백설 위에 몇 송이 꽃이 피어난 것만 같다.

제2연~3연. '햇살이 부서지는 눈밭에/가득 피어난 눈부신 꽃//종종종 현란하다'. 해의 광채가 무수히 쏟아지는 눈밭 위에 하나 가득 피어난 눈부신 겨울꽃, 새 발자국꽃이 종종종(걸음 걸이) 현란하기 그지없다. 한 폭의 그림같이 아름다운 서정시……

다음 시를 살펴보자.

세상일 잊고자
나는
산으로 가는데

세상일 돌보고자
바람은
산 아래 마을로 간다

청청한 나무의 정기를 타고
골짜기
골짜기
정갈한 향기를 거두어

지천으로 쌓인 만고풍상
얽히고
설키고
상처난 뒤에야 깨달은 이치

용서하며
사랑하려
세상으로 간다

어리석은 나는
나 자신을 구원하고자
산으로 가는데

못미더운 세상 돌보고자
바람은
산 아래 마을로 간다

―「등산」전문

  시적화자인 〈나〉와 〈바람〉의 대비가 신선하다. 제1연 ~2연에서 '세상일 잊고자/나는/산으로 가는데//세상일 돌보고자/바람은/산 아래 마을로 간다'. 〈나〉는 이 풍진 세상의 여러 가지 잡다한 상황 속에서 잠시나마 벗어나려고 산을 오르는데, 〈바람〉은 사람사는 세상을 돌보려고 산 아래 있는 마을로 내려간다. 〈나〉와 〈바람〉의 등산과 강산(降山), 엇갈린 교행, 사람은 속세에서 자연 속으로 피신하고 자연은 속세속 세상을 구원하고……!
  제3연~5연에서 '청청한 나무의 정기를 타고/골짜기/골짜기/정갈한 향기를 거두어//지천으로 쌓인 만고풍상/얽히고/설키고/상처 난 뒤에야 깨달은 이치//용서하며/사랑하려/세상으로 간다'……!
  〈바람〉은 청청한 나무가 지닌 자연의 신비로운 정기와 골짜기마다 가득 차 있는 정갈한 자연의 향기를 하나하나 거두면서 수없이 겪어온 만고풍상 속에서 깨달은 세상 사는 이치와 함께 여러 가지 시행착오 속 속세의 인간들을 용서하고 사랑하려고 사람들이 살고 있는 어지러운 세상을 향해 급히 내려가고 있는 것……!
  제6연~7연에서 '어리석은 나는/나 자신을 구원하고자/산으로 가는데//못미더운 세상 돌보고자/바람은/산 아래

마을로 간다'

　어리석은 〈나〉는 어지러운 속세 속 고통스러운 나 자신을 구원하기 위해 숲이 있는 산 속으로 들어가는데, 대자연의 일부인 〈바람〉은 못미더운 인간세상을 돌보려고 산 아래 사람이 살고 있는 마을로 내려간다.

　즉 다시 말하자면 이 세상 인간의 영혼을 구원하는 것은 인간 스스로가 아니라 저 침묵의 대자연이라는 워즈워드의 '자연으로 돌아가라'와 같은 범우주적 자연친화적 시의 선언이다.

　이처럼 홍은숙 시인의 시는 그 무엇보다도 따뜻한 휴매니즘과 지고지순한 사랑과 자연과 인간 영혼의 조화를 승화시키는 시적 영감의 눈부신 결정체이다. 그의 시 속에 두고두고 아름다운 축복이 내리기를……!

– 2024년 초가을
칠읍산자락에서